ANIMALS
That Make a Difference!

Bees
Les abeilles

Ashley Lee &
Jared Siemens

Explore other books at:
WWW.ENGAGEBOOKS.COM

VANCOUVER, B.C.

WWW.ENGAGEBOOKS.COM

Bees: Level 1 Bilingual (English/French) (Anglais/Français)
Animals That Make a Difference!
Lee, Ashley 1995 —
Siemens, Jared 1989 —
Text © 2021 Engage Books
Edited by: A.R. Roumanis
and Lauren Dick
Translated by: Amanda Yasvinski
Proofread by: Josef Oberwinzer

Text set in Arial Regular.
Chapter headings set in Arial Black.

FIRST EDITION / FIRST PRINTING

LIBRARY AND ARCHIVES CANADA CATALOGUING IN PUBLICATION

LIBRARY AND ARCHIVES CANADA CATALOGUING IN PUBLICATION

Title: Animals That Make a Difference: Bees Level 1 Bilingual (English / French) (Anglais / Français)
Names: Jared Siemens, author

ISBN 978-1-77476-406-0 (hardcover)
ISBN 978-1-77476-405-3 (softcover)

Subjects:
LCSH: Bees—Juvenile literature
LCSH: Human-animal relationships—Juvenile literature

Classification: LCC QL565.2 .S54 2020 | DDC J595.79/9—DC23

Contents
Table des matières

What Are Bees?
Que sont les abeilles ?

Bees are flying insects.
An insect is a small animal
without a backbone.
Les abeilles sont des
insectes volants.
Un insecte est un
petit animal sans
colonne vertébrale.

An insect's skeleton is on the outside of its body.

L'exosquelette d'un insecte se trouve à l'extérieur de son corps.

What Do Bees Look Like?
À quoi ressemblent les abeilles ?

Bees have fuzzy hair on their bodies. They are mostly black and yellow.
Les abeilles ont des poils duveteux sur leur corps. Elles sont pour la plupart noirs et jaunes.

Bees have six legs. They use their front legs to clean their head.
Les abeilles ont six pattes. Elles utilisent leurs pattes avant pour nettoyer leur tête.

Bees have four wings. These wings make a buzzing sound when bees fly.
Les abeilles ont quatre ailes. Ces ailes émettent un bourdonnement lorsque les abeilles volent.

Female bees have a stinger. Male bees do not have a stinger.
Les abeilles femelles ont un dard. Les abeilles mâles n'ont pas de dard.

Where Do Bees Live?
Où vivent les abeilles ?

Bees live in large groups called colonies. These colonies live in nests called hives.

Les abeilles vivent en grands groupes appelés colonies. Ces colonies vivent dans des nids appelés ruches.

Most beehives are home to about 60,000 bees.

La plupart des ruches abritent environ 60 000 abeilles.

Bees live in every part of the world. Blue banded bees come from Australia. Cape honey bees live in South Africa. Rock honey bees are mainly found in Nepal.

Les abeilles vivent dans toutes les régions du monde. Les abeilles à bandes bleues viennent d'Australie. Les abeilles mellifères du Cap vivent en Afrique du Sud. Les abeilles géantes se trouvent principalement au Népal.

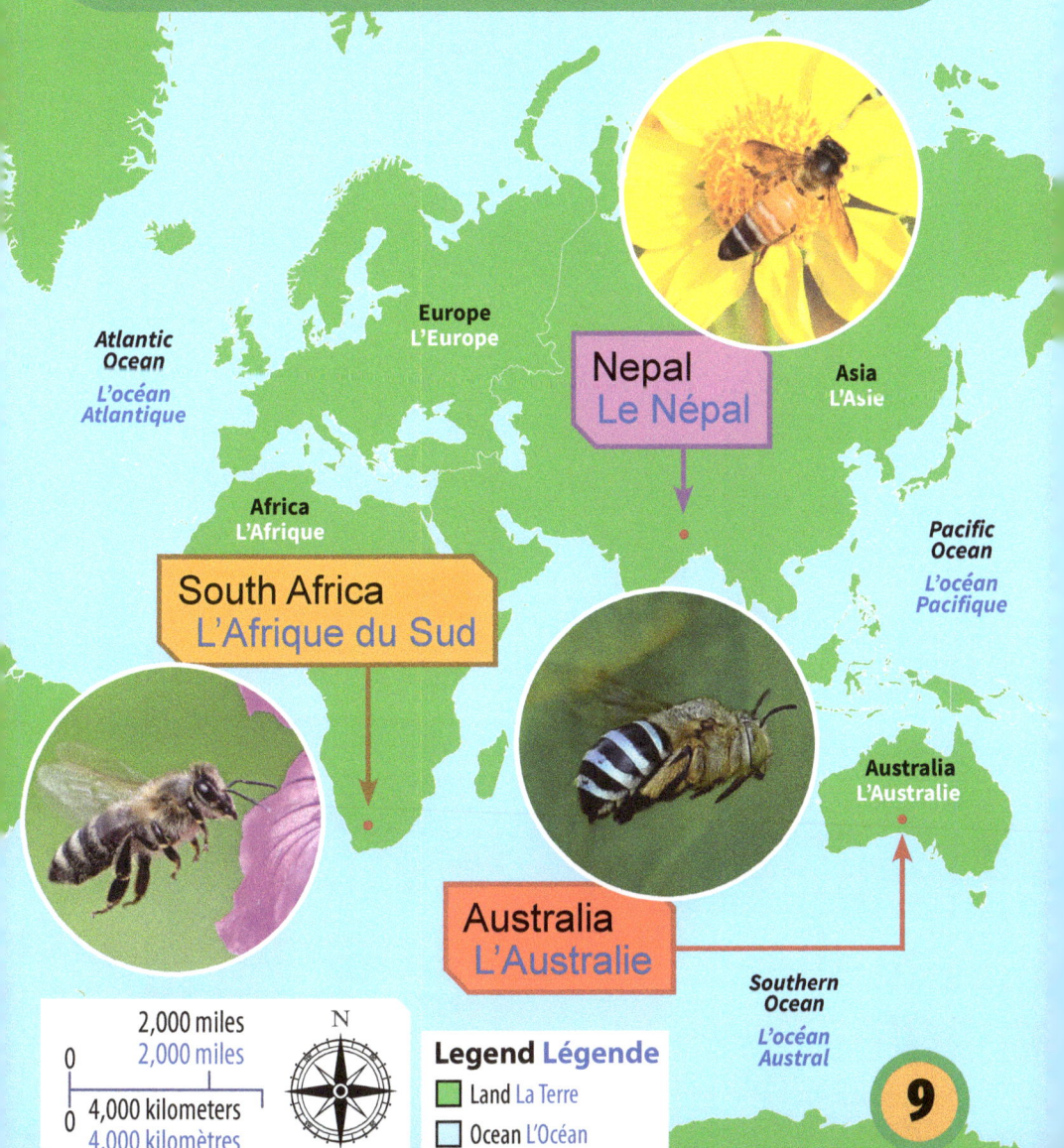

Atlantic Ocean
L'océan Atlantique

Europe
L'Europe

Nepal
Le Népal

Asia
L'Asie

Africa
L'Afrique

Pacific Ocean
L'océan Pacifique

South Africa
L'Afrique du Sud

Australia
L'Australie

Australia
L'Australie

Southern Ocean
L'océan Austral

2,000 miles
2,000 miles
0

4,000 kilometers
4,000 kilomètres
0

N

Legend Légende
Land La Terre
Ocean L'Océan

9

What Do Bees Eat?
Que mangent les abeilles ?

Bees eat pollen and nectar from flowers. Pollen is a kind of fine powder that flowers make. Nectar is a kind of sweet liquid flowers make.

Les abeilles mangent le pollen et le nectar des fleurs. Le pollen est une sorte de poudre fine que les fleurs produisent. Le nectar est une sorte de liquide sucré sécrété par les fleurs.

Bees have a special tongue that works like a straw. This lets them drink water and nectar.

Les abeilles ont une langue spéciale qui fonctionne comme une paille. Cela leur permet de boire de l'eau et du nectar.

How Do Bees Talk to Each Other?
Comment les abeilles se parlent entre elles ?

Bees talk to each other using special smells. These smells are called pheromones.

Les abeilles se parlent en utilisant des odeurs spéciales. Ces odeurs sont appelées phéromones.

Bees have wires on their heads called antennae. They use their antennae to smell pheromones.

Les abeilles ont des fils sur la tête appelés antennes. Elles utilisent leurs antennes pour sentir les phéromones.

Bee Life Cycle
Cycle de vie de l'abeille

Bees have four stages in their life cycle. These stages are egg, larva, pupa, and adult. Queen bees lay all the eggs in a hive. The eggs hatch into larva after about 3 days.

Les abeilles ont quatre étapes dans leur cycle de vie. Ces étapes sont l'œuf, la larve, la pupe et l'adulte. Les reines des abeilles pondent tous les œufs dans une ruche. Les œufs éclosent en larve après environ 3 jours.

Larvae grow for about 6 to 9 days.
Les larves se développent pendant environ 6 à 9 jours.

Larvae turn into pupae. They hide inside hard shells called cocoons. All of their body parts grow at this time.

Les larves se transforment en pupes. Elles se cachent à l'intérieur de coquilles dures appelées cocons. Toutes les parties de leur corps se développent à ce moment-là.

Pupae become adults after about 21 days. Adult bees have different jobs. Worker bees gather food. Drone bees help the queen bee make more eggs.

Les pupes deviennent adultes après environ 21 jours. Les abeilles adultes ont des responsabilités différentes. Les abeilles ouvrières ramassent la nourriture. Les faux bourdons aident la reine des abeilles à produire plus d'oeufs.

Curious Facts About Bees

Bees can fly up to
20 miles (32 kilometers)
per hour.
Les abeilles peuvent
voler jusqu'à 20 miles
(32 kilomètres)
par heure.

Queen bees lay around
1,500 eggs per day.
Les reines des abeilles
pondent environ
1 500 œufs par jour.

A bee can use its two
front feet to taste things.
Une abeille peut utiliser
ses deux pattes avant
pour goûter des choses.

Faits curieux sur les abeilles

Most bees visit 50 to 100 flowers before they go back to the hive.
La plupart des abeilles visitent 50 à 100 fleurs avant de retourner à la ruche.

It takes about 12 bees their entire lives to make just one teaspoon of honey.
Environ 12 abeilles doivent travailler pendant toute leur vie pour produire une seule cuillère à café de miel.

A bee's wings flap between 12,000 and 15,000 times each minute.
Les ailes d'une abeille battent entre 12 000 et 15 000 fois par minute.

17

Kinds of Bees
Types d'abeilles

There are more than 20,000 different kinds of bees. Honeybees, bumblebees, carpenter bees, and killer bees are some of the most common.

Il existe plus de 20 000 espèces d'abeilles différentes. Les abeilles, les bourdons, les abeilles charpentières et les abeilles tueuses sont parmi les plus communes.

Killer bees are known to chase people if upset. They are not more dangerous than other bees.

Les abeilles tueuses sont connues pour chasser les gens si elles sont en colère. Elles ne sont pas plus dangereuses que les autre abeilles.

Bumblebees have fuzzy black and yellow bodies.
Les bourdons ont des corps duveteux noirs et jaunes.

Carpenter bees are mostly black. They make nesting holes in wood.
Les abeilles charpentières sont pour la plupart noires. Elles font des trous de nidification dans le bois.

Honeybees are golden yellow. They have dark brown stripes.
Les abeilles à miel sont jaune d'or. Elles ont des rayures brun foncé.

How Bees Help Earth
Comment les abeilles aident la Terre

Bees carry pollen from flower to flower. This pollen goes from the male parts of the flowers to the female parts of the flowers. This is called pollination.

Les abeilles transportent le pollen de fleur en fleur. Ce pollen va des parties mâles des fleurs aux parties femelles des fleurs. C'est ce qu'on appelle la pollinisation.

Pollination helps plants make fruits and seeds. Fruits and seeds can grow into new plants. All of Earth's plants help to make air for life to survive.

La pollinisation aide les plantes à produire des fruits et des graines. Les fruits et les graines peuvent devenir de nouvelles plantes. Toutes les plantes de la Terre contribuent à produire de l'air pour que la vie puisse survivre.

21

How Bees Help Other Animals

Comment les abeilles aident les autres animaux

Animals need plants to eat. Without bees, animals would be very hungry.

Les animaux ont besoin de plantes pour se nourrir. Sans les abeilles, les animaux auraient très faim.

Bees pollinate some of the most delicious foods on Earth. There would be less nuts, chocolate, and honey without bees.

Les abeilles pollinisent certains des aliments les plus délicieux de la planète. Il y aurait moins de noix, de chocolat et de miel sans les abeilles.

How Bees Help Humans
Comment les abeilles aident les humains

Bees make honey. Honey is very good for people to eat. It can help keep your body healthy.

Les abeilles font du miel. Le miel est très bon à manger. Cela peut aider à garder votre corps en bonne santé.

Bumblebees only make a small amount of honey. They eat this honey themselves. Honeybees make enough honey for themselves and people to eat.

Les bourdons ne produisent qu'une petite quantité de miel. Ils mangent ce miel eux-mêmes. Les abeilles produisent suffisamment de miel pour elles-mêmes et pour les gens.

Bees in Danger
Abeilles en danger

Bees around the world are disappearing. Scientists think climate change is one reason this is happening.

Les abeilles du monde entier disparaissent. Les scientifiques pensent que le changement climatique est l'une des raisons pour lesquelles cela se produit.

Climate change is when a hot place gets cooler, or a cool place gets hotter.

Le changement climatique se produit lorsqu'un endroit chaud se refroidit ou qu'un endroit frais devient plus chaud.

Special chemicals called pesticides can get rid of weeds. Farmers use pesticides to protect their crops.

Des produits chimiques spéciaux appelés pesticides peuvent éliminer les mauvaises herbes. Les agriculteurs utilisent des pesticides pour protéger leurs cultures.

Pesticides are very dangerous to bees. Bees around the world are dying from pesticides.

Les pesticides sont très dangereux pour les abeilles. Les abeilles du monde entier meurent des pesticides.

How To Help Bees
Comment aider les abeilles

People can plant flowers that have a large amount of nectar in them. Bees like lavender, lilacs, and sunflowers.

Les personnes peuvent planter des fleurs contenant une grande quantité de nectar. Les abeilles aiment la lavande, les lilas et les tournesols.

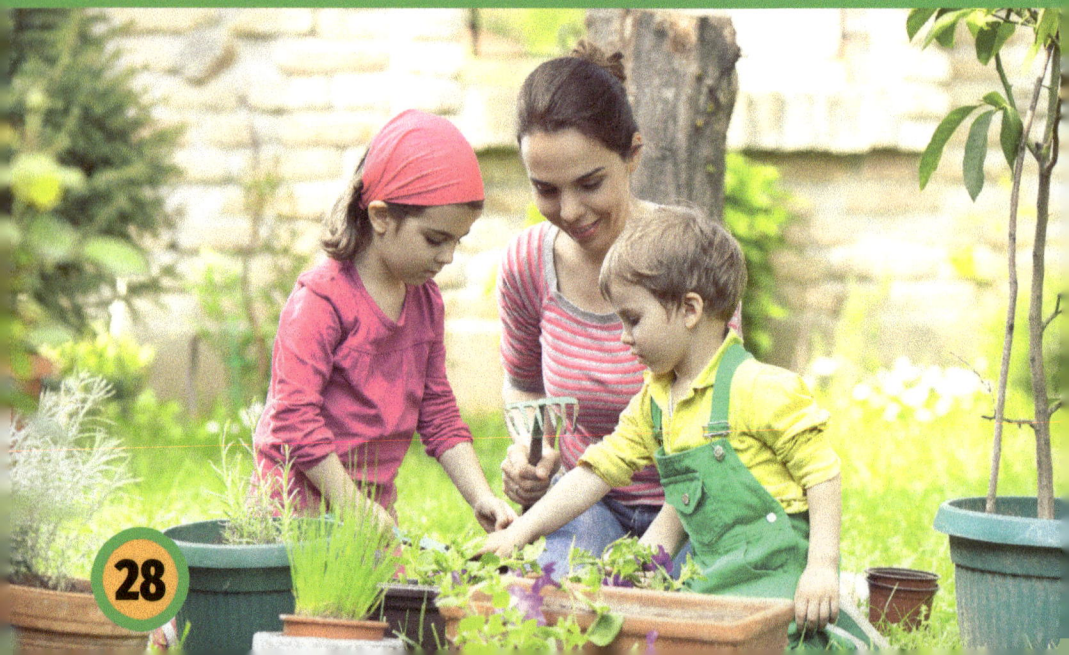

You can make a "bee hotel" out of wood. This will attract bees to your garden. Bee hotels can keep bees safe and help their numbers grow.

Vous pouvez faire un «hôtel aux abeilles» en bois. Cela attirera les abeilles dans votre jardin. Les hôtels pour abeilles peuvent protéger les abeilles et aider leur nombre à augmenter.

People can help bees by spraying their weeds with vinegar instead of chemicals.

Les gens peuvent aider les abeilles en pulvérisant leurs mauvaises herbes avec du vinaigre au lieu de produits chimiques.

Quiz
Quiz

Test your knowledge of bees by answering the following questions. The questions are based on what you have read in this book. The answers are listed on the bottom of the next page.

Testez vos connaissances sur les abeilles en répondant aux questions suivantes. Les questions sont basées sur ce que vous avez lu dans ce livre. Les réponses sont listées au bas de la page suivante.

1
How many legs do bees have?
Combien de pattes les abeilles ont-elles?

2
What are the wires on a bee's head called?
Comment s'appellent les fils sur la tête d'une abeille?

3
What do killer bees do if they are upset?
Que font les abeilles tueuses si elles sont en colère?

4
What food do bees make?
Quelle nourriture les abeilles font-elles?

5
What is climate change?
Qu'est-ce que le changement climatique?

6
What flowers do bees like?
Quelles fleurs les abeilles aiment-elles?

Explore other books in the Animals That Make a Difference series.

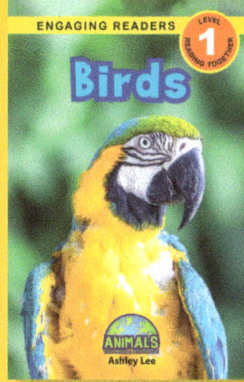

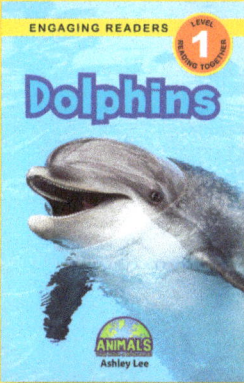

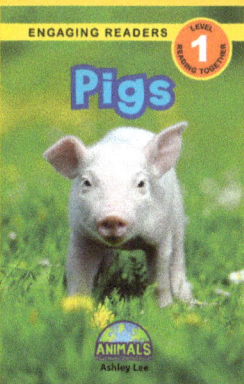

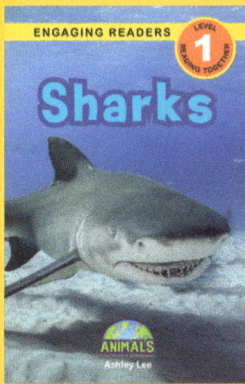

ENGAGING READERS — LEVEL 1 READING TOGETHER
Bees
Ashley Lee & Jared Siemens

ENGAGING READERS — LEVEL 1 READING TOGETHER
Bats
Ashley Lee

ENGAGING READERS — LEVEL 1 READING TOGETHER
Birds
Ashley Lee

ENGAGING READERS — LEVEL 1 READING TOGETHER
Dolphins
Ashley Lee

ENGAGING READERS — LEVEL 1 READING TOGETHER
Horses
Ashley Lee

ENGAGING READERS — LEVEL 1 READING TOGETHER
Ladybugs
Ashley Lee

ENGAGING READERS — LEVEL 1 READING TOGETHER
Pigs
Ashley Lee

ENGAGING READERS — LEVEL 1 READING TOGETHER
Sharks
Ashley Lee

ENGAGING READERS — LEVEL 1 READING TOGETHER
Squirrels
Ashley Lee

Visit www.engagebooks.com to explore more Engaging Readers.

Answers:
1. Six 2. Antennae 3. Chase people 4. Honey
5. When a hot place gets cooler, or a cool place gets hotter
6. Lavender, lilacs, and sunflowers

Réponses:
1. Six 2. Antennes 3. Chasser les personnes 4. Le miel 5. Quand un endroit chaud devient plus frais, ou un endroit frais devient plus chaud
6. Lavande, lilas et tournesols

www.ingramcontent.com/pod-product-compliance
Lightning Source LLC
Chambersburg PA
CBHW051234020426
42331CB00016B/3377